JN079375

まほろば動物病院はどこまでも

鷲塚貞長

つちや書店

目次

※作品中の人物名や地名は実際と異なります。

装幀　脇田みどり（エヌ・オフィス）
装画　高橋ポルチーナ

老犬《ろうけん》クロと乙女《おとめ》たち

庭からとびだしたクロ

犬のクロは家族に愛《あい》されながら、夜は室内で自由に、昼は日当たりのよい庭先でチェーンにつながれながらも平和な毎日を送っていました。少し古くなったチェーンの金具は意外にもろくなっていて、少しはずみをつけて強く引っぱれば、時にかんたんにこわれてしまいます。いくらかわいがられる毎日でも、自由に走りまわる快感《かいかん》はまた格別《かくべつ》です。

クロは庭から外にとびだしました。

しばらく開放感にひたって走りまわり、自由な時間を満喫《まんきつ》したクロでしたが、少し冷静《れいせい》になった時、たいへんなことに気がつきました。自分の帰る家の方角が分からなくなっていたのです。

昆虫《こんちゅう》、魚、鳥などが、以前《いぜん》に住んでいた場所（とくに自分の巣《す》や産卵《さんらん》場所）にもどってくる本能のことを「帰巣性《きそうせい》」といいます。哺《ほ》乳類《にゅうるい》の犬にも帰巣性《きそうせい》は

ありますが、犬の場合、犬種《けんしゅ》によってこの本能《ほんのう》に大きな差《さ》があるのです。

アメリカでのことです。西海岸に住んでいた家族が、とつぜんの事情《じじょう》からジェット機《き》で何時間もかかる東海岸に引っこしたのですが、その時、どういうわけか愛犬《あいけん》が西海岸に置《お》き去《ざ》りになってしまいました。メス犬のゴルビーは、なんと1年もかかってボロボロになりながらも、東海岸の新しい巣《す》（家）を探《さが》しあてたのです。

この場合、ゴルビーは住んでいた場所に帰ったのではありませんから、厳密《げんみつ》には帰巣性《きそうせい》ではありませんが、以前《いぜん》どころかまったく未知《みち》の、しかも途方《とほう》もない距《きょ》離《り》の新しい巣《す》にたどりついたのですから、当時、全米では大きな話題になったようです。どのような事情《じじょう》にせよ、結果《けっか》として置《お》き去《ざ》りになったにもかかわらず、飼《か》い主《ぬし》に会いたくて命がけの長旅をしたという感動的《かんどうてき》な実話です。

この反面、自分の家の門から外にとびだしただけで、自分の巣《す》（家）がどこだかまったく分からなくなってしまう犬もいるのです。だからといって、この犬種《けんしゅ》の知能《ちのう》が低《ひく》いわけではありません。

道に迷ってしまったクロ

さて、さんざん歩きまわったクロがやって来たのは、桜《さくら》の花が満開《まんかい》の広い場所で、大勢《おおぜい》の人でにぎわっていました。

じつは、クロが向かっていたのは家とはちがう方角で、歩けば歩くほど家からますますはなれていったのです。クロの頭はだんだん下がっていきます。なにしろ12才、人の年齢《ねんれい》にすると64才ほどですから、あまり体力もありません。最初《さいしょ》の元気はどこへやら、さらに1時間ほどトボトボと歩くと、まわりには飲食店や商店、デパートが建《た》ちならぶ、大きな交差点《こうさてん》までやってきました。

クロはさらにその繁華街《はんかがい》を通りすぎてしばらく歩き、右に曲がる坂道をゆっくりのぼっていきました。肝臓《かんぞう》に病気があり、健康な体ではなかったクロは、坂をのぼりきったあたりで体力が限界《げんかい》になり、その場にうずくまってしまいました。

「あら、こんなところにわんちゃんがたおれているわ」

「かわいそう、どうしましょう」

ある高等学校の10人ほどの女学生グループが、校門前でたおれているクロを見つけました。

「動かないわね」

「どこか悪いんじゃない？」

「獣医《じゅうい》さんに相談しましょうよ」

グループのなかの1人《ひとり》が近くの動物病院を知っていたので、さっそく、電話で相談することにしました。

「ワシヅカ先生、わんちゃんが道でたおれているんです。どうすればいいですか？」

「車にはねられたのかな。どこか出血していますか？」

「出血はありません、でも動かないんです」

「うーん、いずれにしても診察《しんさつ》しましょう。首輪《くびわ》に飼い主の電話番号かなにか書いてないかな？」

「首輪《くびわ》にはなにも書いてないんです……」

「ともかく連《つ》れていらっしゃい」

現場と病院は3区にまたがる距離《きょり》です。女学生はどうやって犬を病院まで連《つ》れて行けばよいか考えているようでした。

「学校の先生か、友達《ともだち》の家族にたのんで車をだしてもらいなさい」

「はい、たのんでみます」


それから15分ほどして、ふたたび病院の電話が鳴りました。

「学校の先生にお願《ねが》いしたら、病気かもしれない犬にさわっちゃいけないと取り合ってくれません。先生、ここまで来てくれませんか」

「うーん、今は夕方の5時だね。6時からは外来だからな」

「先生……」

「よし、行くか！」


校門前では女学生たちが車座《くるまざ》になり、その足元に中型《ちゅうがた》の老犬《ろうけん》が横たわっていました。わたしが診察《しんさつ》を始めると、老犬《ろうけん》はふらふらと立ち上がりましたが、すぐにしりもちをついてしまいました。

「交通事故《じこ》じゃないようだね。ここでは十分な診察《しんさつ》ができないから、ともかく病院に連れていこう」

同行していた看護師《かんごし》と、その老犬《ろうけん》を布製《ぬのせい》のキャリーケースに乗せていると、

「飼《か》い主《ぬし》が見つかったのか」

反対側《がわ》の歩道から、こちらを見てのんきなことを言っている声がしました。学生の1人《ひとり》が、「いいえ、獣医《じゅうい》さんに来てもらったんです」と答えると、

「あぁ、そう。お医者さんか」

「……」

学校の教師《きょうし》かもしれない人物は、その場にとどまることもなく、さっさと坂道をくだって行きました。

クロの飼《か》い主《ぬし》さんを探そう！

クロは病院での診察《しんさつ》で、交通事故《じこ》ではないことがはっきりしました。血液検査《けつえきけんさ》と心電図検査《けんさ》をすると肝機能《かんきのう》に異常が見つかりましたので、さらにエコーでの画《が》像診断《ぞうしんだん》のあとは点滴治療《てんてきちりょう》、そしてそのまま飼《か》い主《ぬし》が見つかるまで入院させることにしました。

「警察《けいさつ》と保健所《ほけんじょ》にはすぐ連絡《れんらく》するように。性格《せいかく》のいい子だから、飼《か》い主《ぬし》さんはきっと心配して探《さが》していると思うよ」

看護師《かんごし》に保健所《ほけんじょ》への連絡《れんらく》を指示《しじ》したら、すぐにクロの写真を撮《と》り、ポスターを完成《かんせい》させました。学生に伝《つた》えると、みんながポスターを取りにきてくれたので、手分けして学校周辺《しゅうへん》に貼《は》ることにしました。

翌日《よくじつ》、クロはかなり元気を取《と》りもどし、食事も半分は食べられるまで回復《かいふく》しました。

その昼近くのことです。病院に「うちの子かもしれない」と問い合わせの電話が入りました。特徴《とくちょう》が一致《いっち》したので飼《か》い主《ぬし》さんが病院にかけつけ、クロであることが判明《はんめい》。2日ぶりの飼《か》い主《ぬし》さんとの対面で、クロは子犬のようにはしゃぎ、全身で喜《よろこ》びをあらわしました。

失踪犬《しっそうけん》に関する事例《じれい》において、今回のようなハッピーエンドは必《かなら》ずしも多くはなく、飼《か》い主《ぬし》が見つからなかったり、死んでしまったり、とても悲惨《ひさん》な結末《けつまつ》になることもあります。

動物の虐待《ぎゃくたい》、いじめ、動機不明《どうきふめい》の殺傷《さっしょう》など、犯罪《はんざい》や非行《ひこう》の報道《ほうどう》を見るたびに暗い気持ちになることの多い昨今《さっこん》です。しかし、行《い》き倒《だお》れの老犬《ろうけん》の身を案《あん》じ、見《み》捨《す》てることなく可能《かのう》な限《かぎ》りの手立てに努力《どりょく》し、その命を救《すく》った乙女《おとめ》たちの善行《ぜんこう》は、精神《せいしん》の荒廃《こうはい》の進む今日《こんにち》に、暗闇《くらやみ》に注ぐ光明としてその輪《わ》を広げていきたいと願うのは、わたしだけではないと信じています。

ナカク……トクヤ、迷子のセキセイインコ

ものまねじょうずな鳥

みなさんは「オウム」という鳥を知っていますか？

「オウム」のことを英語《えいご》では「parrot《パロット》」といいます。「パロット」の名前の由来には多くの説《せつ》がありますが、学名に聖人名《せいじんめい》がよく使われることから、「Peter《ペトロ》（聖《せい》ペトロ：イエス・キリストの弟子）」説《せつ》が有力のようです。それでは日本語の「オウム」はどこからきたのか？　それは中国語「鸚鵡《オウム》」の音読みが由来でしょう。

オウムは羽毛がたいへん美しいので、世界中の愛鳥家《あいちょうか》が野生のオウムを飼《か》いならしてかわいがったところ、ものまねがじょうずなことが分かり、人気は急《きゅう》上昇《じょうしょう》しました。原産《げんさん》は主に熱帯《ねったい》もしくは亜熱帯《あねったい》で、紀元前《きげんぜん》4世紀ごろにはインドからギリシャに渡来《とらい》し、ローマ時代には男性貴族の愛玩《あいがん》動物として犬にならぶ

存在《そんざい》でした。日本には６５０年ころ、新羅《しらぎ》（古代朝鮮《ちょうせん》の王国）より天皇に献上《けんじょう》されています。

アメリカ南部の都市マイアミには、さまざまなオウムが自然生息に近い状態で来場者を迎《むか》え、その美しさとものまねで人々を楽しませているテーマパークもあります。

オウムとよく似た鳥類《ちょうるい》にインコがいますが、英名《えいめい》を「parakeet《パラケート》」といい、日本語名は、これまた中国語の音読みで「鸚哥《インコ》」です。

「オウムとインコはどこがちがいますか？」

よくある質問《しつもん》です。明確《めいかく》に答えられる人は少ないようですが、それもそのはず、両者には分類《ぶんるい》学上の区別《くべつ》はありません。

オウム目《もく》オウム科の鳥類《ちょうるい》の総称《そうしょう》を「インコ類《るい》

とよび、冠羽《かんう》（頭上のかんむりのような羽毛）がある大型《おおがた》のインコの俗称《ぞくしょう》（正式ではない呼び名）がオウムと解釈《かいしゃく》すればよいのですが、オウム目《もく》オウム科の総称《そうしょう》がインコ類《るい》というあたりが混迷《こんめい》のもとです。

飼鳥《かいどり》のなかでも、日本で際立《きわだ》って人気が高いのがセキセイインコで、原産地《げんさんち》オーストラリアの内陸《ないりく》から日本への渡来《とらい》はそんなに古くはなく、100年ほど前のことになります。

羽を収《おさ》めた時、背《せ》が黄色と緑に見え、日本ではむかしから緑を青とよぶ習慣《しゅうかん》があるので、背《せ》、黄、青、すなわちセ・キ・セイと名付《なづ》けたようです。

今ではさまざまな羽色の種類《しゅるい》がありますが、原種《げんしゅ》は黄、緑で、ものまね上手には個体差《こたいさ》があり、歌を3番まで全部おぼえて歌ったり、飼《か》い主《ぬし》のひとりごとを正《せい》確《かく》にものまねして飼《か》い主《ぬし》を大あわてさせたり、おいしいごはんを食べてご機嫌《きげん》になると、ものすごくおしゃべりになるなど、ペットとしての話題には事欠《ことか》きません。

ナカク……トクヤ、ナカク……トクヤ

さて、名古屋市中区に、徳屋《とくや》という古くからの酒屋があり、そこで飼《か》われていたセキセイインコのチーちゃんが、ある時、鳥かごからにげてしまったことがありました。

「もう帰ってこないかもしれないわ」

10年以上《いじょう》も暮《く》らしをともにし、ものまねじょうずで家族の声を使い分ける人気者だっただけに、飼《か》い主《ぬし》さんたちはとても悲しんでいました。

それから1か月が経過《けいか》し、あきらめかけていたころです。

「お宅《たく》でセキセイインコをにがしたことはありませんか?」

そんな電話が、2区もはなれたところからかかってきたのです。

チーちゃんは保護されたお宅《たく》で、徳屋《とくや》の若奥《わかおく》さんそっくりの、低《ひく》くてちょっと威圧感《いあつかん》のある声で、こんなおしゃべりをしたのです。

「ナカク……トクヤ、ナカク……トクヤ」

きっと、若奥《わかおく》さんがお店の電話で話す言葉をおぼえたのでしょう。

もし、あなたのおうちにセキセイインコがいたら、どんな言葉を教えますか?

猫《ねこ》を救《すく》ったキジトラのみっちゃん

交通事故《じこ》で運ばれてきた猫《ねこ》

「車の多い交差点《こうさてん》近くで、ひかれていました」

それは残暑《ざんしょ》が厳《きび》しく、蝉時雨《せみしぐれ》がことのほか激《はげ》しい、8月ももう終わりに近い午後の出来事です。男性の上着でくるまれたキジトラの猫《ねこ》は、ひと目で重症《じゅうしょう》と分かる状態《じょうたい》でした。

「車の往来《おうらい》が激《はげ》しく危険《きけん》だし、通行人はみんな見て見ぬふりをして、通り過《す》ぎてしまうので、見かねて連《つ》れてきました。意識《いしき》がないみたいですが、助かるでしょうか」

「かなり重症《じゅうしょう》ですね。骨《ほね》がくだけて下《した》あ

ごがぶらさがっている状態《じょうたい》ですが、これは手術《しゅじゅつ》で正常《せいじょう》に近い状態《じょうたい》にもどせます。ネコは体が小さいので、車にはねられて頭部に大ケガをした場合、外観《がいかん》は正常《せいじょう》でも、胸部《きょうぶ》や腹部《ふくぶ》にも大きなダメージを受けていることが多いので、レントゲンとエコーを中心に調べましょう」

キジトラは推定《すいてい》4〜5才の体格《たいかく》のよいオス猫《ねこ》で、その後、1年近くも病院で暮《く》らすことになり、「みっちゃん」と名付《なづ》けられました。事故《じこ》による損傷《そんしょう》は、下あご複雑骨折《ふくざつこっせつ》、胸部《きょうぶ》の強打による肺《はい》の損傷《そんしょう》での胸腔《きょうくう》内出血と気胸《ききょう》で、そのほかはとくに着目すべき変化《へんか》は見当たりませんでした。

みっちゃんの意識《いしき》は処置《しょち》により間もなく回復《かいふく》しましたが、肺《はい》の損傷《そんしょう》の治療《ちりょう》と下あごの整形手術《しゅじゅつ》のため入院が決まり、胸腔《きょうくう》の血液《けつえき》と空気の吸引《きゅういん》などの内科処《しょ》置《ち》により、体調が整ったところで、手術《しゅじゅつ》をおこなうことになりました。

しばらくは自分で餌《えさ》を食べることができなかったのでチューブ・フィーディン

グをおこないましたが、みっちゃんは回復力《かいふくりょく》が旺盛《おうせい》で、胸腔病変《きょうくうびょうへん》は数日で消失《しょうしつ》。下あごの複雑骨折《ふくざつこっせつ》の整形手術《しゅじゅつ》をすると、下あごは外観《がいかん》も機能《きのう》もほぼ正常《せいじょう》に回復《かいふく》するまでにいたりました。

保護《ほご》した男性《だんせい》の家庭環境《かていかんきょう》は、介護《かいご》を必要《ひつよう》とする高齢老人《こうれいろうじん》がいるために人手がなく、新たに猫《ねこ》を迎《むか》える状態《じょうたい》ではありませんでした。男性《だんせい》からは「自分では飼《か》えないので里親を探《さが》してほしい」との相談があったので、治療《ちりょう》後も病院での預《あず》かりが決まりました。

みっちゃんの里親探《さが》し

里親探《さが》しの現実《げんじつ》は、あげたい人より、飼《か》いたい人の数が圧倒的《あっとうてき》に少なく、ましてや4~5才のおとなの猫《ねこ》になると、里親の希望者《きぼうしゃ》は激減《げきげん》します。

おとなになっても無邪気《むじゃき》に遊ぶのは「イヌ」と「ヒト」だけで、大方の身近な動物はおっとりと冷静沈着《れいせいちんちゃく》になり、表現《ひょうげん》を変《か》えれば無邪気《むじゃき》さがなくなります。

新たに猫《ねこ》を飼《か》いたい人の多くは、子猫《ねこ》のあのハチャメチャで爆発的《ばくはってき》な元気さに魅《ひ》かれるので、とくにおとなの猫《ねこ》の里親探《さが》しは難航《なんこう》しますが、日本以外《いがい》の先進国では高齢者《こうれいしゃ》が新たに動物を飼《か》うときは老齢《ろうれい》動物を選《えら》ぶ、いわゆる「老々飼育《ろうろうしいく》」がかなりの普及《ふきゅう》をみせています。日本では、幼少《ようしょう》動物の無邪気《むじゃき》さに魅《ひ》かれる老人《ろうじん》も多く、老々飼育《ろうろうしいく》の普及《ふきゅう》は進んでいません。

また、愛情《あいじょう》深く、生活に余裕《よゆう》がある人ほど、「新たに動物を飼《か》っても、自分が天寿《てんじゅ》をまっとうするまで責任《せきにん》が持てない、がまんしよう」となるようです。

しかし、元気で長生きする秘訣《ひけつ》は、日々の生活になにか明確《めいかく》な目標《もくひょう》を持つことだと言われますので、「この子が天寿《てんじゅ》をまっとうするまで、自分は元気でいなくては」と思える伴侶《はんりょ》動物の存在《そんざい》は、とてもとても役に立ちます。

さて、みっちゃんの里親探《さが》しです。

里親募《ぼ》集《しゅう》

4才くらいのオスのキジネコです

「元気で体力には自信《じしん》があります!」

くわしくは受付まで

わたしはみっちゃんの写真にコメントを付《つ》け、待合室に貼《は》りだしました。ことあるごとに、飼《か》ってもらえそうな人に、みっちゃんを見てもらい、お願《ねが》いしましたが、関心《かんしん》を示《しめ》す人はいても、なかなか里親にはつながりません。

病院での里親探《さが》しの難《むずか》しさは、だれかれなしにしつこくすすめると、「あの病院に行くと、里親をおしつけられる」と悪い評判《ひょうばん》がたってしまうことで、「この人なら可能性《かのうせい》がありそう」と思われる人に、さらりと里親をすすめなければなりません。しかし、さらりとしすぎては、これまたいつまでたっても決まりません。

「さて、こまりましたね」

供血猫《きょうけつねこ》に立候補《りっこうほ》したみっちゃん

鈴木さんの愛猫《あいびょう》は15才の高齢《こうれい》にもかかわらずとても元気でしたが、ある日、急に元気がなくなったので心配になり、来院しました。

検査《けんさ》の結果《けっか》、重度の貧血《ひんけつ》が判明《はんめい》。そして、それは片方《かたほう》の腎臓《じんぞう》が腫瘍化《しゅようか》し、血管《けっかん》が破《やぶ》れ、大出血したことが原因《げんいん》だと分かりました。

みっちゃんは体が大きく、体力もあり、毎日をとくになにもせず病院で暮《く》らしていましたので、「ここでお役にたとう」と供血猫《きょうけつねこ》（輸血《ゆけつ》用の血液《けつえき》を提供《ていきょう》）に立《りっ》候補《こうほ》（したように見えました）。クロスマッチでも問題がなかったので、採血《さいけつ》することになりました。

鈴木さんの飼《か》い猫《ねこ》は輸血《ゆけつ》により元気も食欲《しょくよく》も回復《かいふく》し、なんとか手術《しゅじゅつ》にたえられる状態《じょうたい》まで回復《かいふく》したので、手術《しゅじゅつ》することが決まりました。しかし、摘出手術《てきしゅつしゅじゅつ》は成功《せいこう》したものの高齢《こうれい》で、しかも腫瘍《しゅよう》は悪性《あくせい》だったので、その後、間もなく旅立ってしまいました。

鈴木さんはその死をとても悲しみましたが、お別《わか》れの時、スタッフが、「この子の血液《けつえき》で、ずいぶん元気になったんですよ」と、みっちゃんを見せると、

「そうですか。1年も病院で暮《く》らしているのですか。うちの子が一時的《てき》にでも元気になったのは、この子のおかげね」

そして、しばらくみっちゃんを見つめていた鈴木さんは、

「うちの家族の一員に迎《むか》えましょう」

と、みっちゃんをやさしく抱《だ》きしめました。

スタッフに抱《だ》かれ、顔をすりよせ、あまえてばかりいたみっちゃんは、立場の急変《きゅうへん》など理解《りかい》するわけもなく、キョトンとした表情《ひょうじょう》で鈴木さんをながめているのでした。

エディンバラのボビー

イギリスの名犬物語を調査《ちょうさ》

夏も終わりに近づいたころ、わたしはスコットランドの首都エディンバラで約《やく》1週間にわたって開催《かいさい》される獣医学《じゅういがく》に関《かん》する学会への参加《さんか》のため、機上《きじょう》の人となりました。長旅の機中《きちゅう》の徒然《つれづれ》にガイドブックを開くと、ページのすみに小さく、「イギリス版《ばん》ハチ公、忠犬《ちゅうけん》ボビー」の記事がかんたんにまとめられていました。

「なんだろう、これは……」

何事によらず、新たなことに津々《しんしん》たる興味《きょうみ》をおぼえた時、関連資料《かんれんしりょう》などを収集《しゅう》し、情報分析《じょうほうぶんせき》することが生活習慣《しゅうかん》になっているわたしは、これまでまったく知らなかったこの犬の存在《そんざい》がとても気になり、学会のタイムスケジュールのあき時間を利用《りよう》して、可能《かのう》な限《かぎ》り現地《げんち》で調査《ちょうさ》することにしました。

これからみなさんにお話しするのは、「エディンバラの忠犬《ちゅうけん》ハチ公」とよばれたボビーの真実の物語です。

グレー巡査《じゅんさ》のパートナー・警察犬《けいさつけん》ボビー

この物語の主人公はオスのスカイテリア「ボビー」です。ボビーはエディンバラで巡査《じゅんさ》をしているジョン・グレー、そして妻《つま》と息子の3人で暮《く》らしていました。当時の巡査《じゅんさ》は、日常的《にちじょうてき》に武器《ぶき》を持ってはいませんでした。そのかわり、見回りには必《かなら》ず警察犬《けいさつけん》を連《つ》れていました。そのため、ボビーはいつもグレーといっしょに行動していたのです。

エディンバラの冬はとても寒く、とくに夜の見回りはたいへん厳《きび》しいものでしたが、若《わか》いボビーにとっては路地の暗闇《くらやみ》も、風で枯れ葉をはき流す石畳《いしだたみ》も、すべて好奇心《こうきしん》の対象《たいしょう》です。うれしそうにグレーに従《したが》って歩いていました。

「さあ、きょうからは昼夜をとおしての見回りだ。ボビー、がんばってくれよ」

巡回《じゅんかい》はたいへん過酷《かこく》で、祭りが開催《かいさい》されている期間は、昼夜とおしての見回りが3日も続《つづ》くことがありました。盗人《ぬすっと》やスリ、ケンカなどでグレーたち巡査《じゅんさ》に気の休まる時間はありません。ボビーはどんなときにもグレーをガードするように寄《よ》り添《そ》い、グレーの身に危険《きけん》を感じると勇敢《ゆうかん》に立ち向かっていきました。

「ボビー、近ごろたくましくなったね。さあ、お肉のたっぷりついた骨《ほね》をあげよう。たくさんおたべ」

グレーとボビーが朝食のあとの散歩《さんぽ》で必《かなら》ず立ち寄《よ》るウイリアムのレストラン。グレーはお気に入りの席《せき》でゆったりとコーヒーを楽しみます。ボビーはテーブルの下でごほうびの骨《ほね》にかじりつくのが習慣《しゅうかん》になっていました。

ちょうどこのころ、クリミア戦争《せんそう》が終わり、この年のハロウィンは街《まち》をあげての宴《うたげ》になりました。人々は夫《おっと》や兄弟が無事《ぶじ》に戦争《せんそう》から帰ってきたことを心から喜《よろこ》んで、飲み、食べ、歌い続《つづ》けます。ボビーには、なぜみんなが大さわぎをす

るのか分かりませんでした。ただ、好物《こうぶつ》のあまいパンやチーズがいつもよりたくさんもらえるし、みんなが楽しそうにしているので、なんだかわくわくして半月《はんげつ》状《じょう》のしっぽを思いきり振《ふ》っていました。

2才になったボビーは連日《れんじつ》の厳《きび》しい任務《にんむ》にもかかわらず、体力を持てあましていました。あちこちに花がさきほこる草原や、ツリガネ草がはえる岩場などを思いっきり走り回り、穴《あな》からとびだしてきたウサギを追いかけまわします。猟犬《りょうけん》の血がさわぐのです。

ドンドン、ドドンド、ドン、ドドンド
ドン、ドン、ドン、ビーババ、ビービー

バクパイプとドラムの楽隊《がくたい》を先頭に、軍隊《ぐんたい》が港に向かって行進しています。

「ああ、クリミア戦争《せんそう》がやっと終わったと思ったのに、こんどはインドの反乱《はんらん》で……」

グレーは暗い気持ちで楽隊《がくたい》を見送りました。もうこのころには、ボビーはグレーの心を読み取ることができるようになっていました。ボビーも少し悲しげな表情《ひょうじょう》で軍隊《ぐんたい》をながめます。

短い夏が過《す》ぎて秋になったころ、新聞には出兵《しゅっぺい》した兵士《へいし》の半分以上《いじょう》が戦死《せんし》した記事が書かれました。

ジョン・グレー、永眠《えいみん》する

「このごろ、夕方になると顔がほてるなぁ」

グレーは体の変化《へんか》を妻《つま》のジーンにそっとつぶやくと、ゆっくりソファーに横になりました。

そして、2週間ほどが過《す》ぎたころ、

「やっぱりかぜをひいたんだ。もう45才だし、若《わか》い者と同じペースはきつくなったかな」

コホッ、コホッとせきこむグレーです。

「この街《まち》の石炭と粉塵《ふんじん》じゃ、せきもなかなかとまらないよ」

当時のエディンバラは炭坑《たんこう》が近くにあり、街《まち》にはいつも石炭《せきたん》の煙《けむり》がただよっていました。

しばらくするとグレーのせきにたんが混《ま》じりはじめました。そして体調が悪くなって1か月がたったある日の朝、血が混《ま》ざったたんが出たのです。

「肺《はい》の病気ですね。警察《けいさつ》の仕事は無理《むり》でしょう。しばらく休養《きゅうよう》が必要《ひつよう》です」

医師《いし》のジョンは、グレーに残念《ざんねん》そうに言いました。

冬も本格的《はんかくてき》になるころです。

「ボビー、ごめんな。散歩《さんぽ》に連《つ》れていってやれなくて」

グレーはひざにだいたボビーの背中《せなか》をなでながら話しかけます。グレーの体力は、ボビーをだくものつらくなるほど低下《ていか》していました。

そして、ついにグレーは呼吸困難《こきゅうこんなん》になり、病状《びょうじょう》は悪くなっていきました。医師《いし》のジョンも見守るしかありませんでした。ボビーはただならぬ気配を感じ取り、ベッドのそばで心配そうに見守っています。

グレーの顔色が白くなり、早かった呼吸《こきゅう》が、深いとぎれとぎれの呼吸《こきゅう》にかわります。きびしい顔つきが消え、元気だったころのおだやかな表情《ひょうじょう》がもどってきました。

――1958年2月8日、ジョン・グレーは45才の生涯《しょうがい》を終えたのでした。

お墓《はか》からはなれないボビー

葬儀屋《そうぎや》が白木《しらき》の棺《ひつぎ》にグレーをおさめました。

棺《ひつぎ》は同僚《どうりょう》の巡査《じゅんさ》たちにかつがれ、教会まで運ばれました。ボビーもつきそって歩き、深々とほられた墓穴《ぼけつ》に棺《ひつぎ》がおさめられるのをじっと見ていましたが、巡査《じゅんさ》のひとりに見つかり、抱《だ》きかかえられました。ボビーはお墓《はか》をはなれるのをいやがりましたが、自宅に帰されました。

夜の10時が近づいたころのことです。

ボビーは突然《とつぜん》、ウオーッと遠吠《とおぼ》えをし、ドアを開け、暗闇《くらやみ》にとびだしました。ボビーは教会まで、風のように走ります。夜の闇《やみ》にまぎれ、だれにも気づかれません。ボビーは土が少し盛《も》り上げられた、グレーの墓《はか》を抱《だ》きかかえるようにうずくまりました。

しばらくすると、雨がふりはじめました。ボビーは悲しい表情《ひょうじょう》のまま、夜空を見上げました。寒風と空腹《くうふく》がボビーに襲《おそ》いかかります。

「いやー、まいったよ。けさ、グレーさんの墓《はか》を見回ったら、ボビーがいるじゃないぃ。いじらしい犬だねぇ。ほんとうは追いださなければいけないんだけどね。あんまりかわいそうだから、えさをあげたんだ」

墓地《ぼち》の管理人《かんりにん》の庭師《にわし》のブラウンは友人に話しました。

グレーの同僚《どうりょう》だった巡査《じゅんさ》たちも夜の見回りのときに、お墓《はか》からはなれないボビーのためにえさをあたえるようになりました。

墓地《ぼち》のそばに住んでいる装飾職人《そうしょくしょくにん》のアンダーソンは心の優《やさ》しい人でした。

「この冬空じゃあ、さすがに犬でもかわいそうだよなぁ」

ボビーはアンダーソンの部屋の暖炉《だんろ》のそばで夜を過《す》ごすようになりました。ボビーのうわさは街中《まちじゅう》に広がり、たくさんの人がボビーの面倒《めんどう》をみようとしましたが、ボビーが心をゆるしたのは、いずれもグレーの墓《はか》のそばに住む人たちばかりでした。


ボビーは6才になりました。

グレーの墓守《はかもり》をはじめて4年半が過《す》ぎたある日、軍曹《ぐんそう》のスコットがレストランにやってきました。レストランによく顔をだしていたボビーは、スコットとレストランで何度も会ううちに、なかよくなっていきました。

ドーン

きょうも1時を告《つ》げる大砲《たいほう》の音が街《まち》にとどろきます。

スコット軍曹《ぐんそう》は思いました。

「そうだ、ボビーにごはんの時間を教えてみよう」

「ボビー、この1時の大砲《たいほう》の音がお前のお昼ごはんの合図だよ」

りこうなボビーが、すぐに食事の時刻《じこく》と大砲《たいほう》の音の関係《かんけい》をおぼえたのは言うまでもありません。

ボビーの習慣《しゅうかん》は街《まち》の人々の話題になり、1時近くなると教会の前にちょっとした人だかりができました。

「あっ、ボビーが出てきたよ」

「かわいいじゃないの。いつまでも主人のことを忘《わす》れないで」

ボビーは7才になりました。

この時、狂犬病《きょうけんびょう》の対策《たいさく》として、犬の飼育許可制度《しいくきょかせいど》が導入《どうにゅう》されました。飼《か》い主に年12シリングの許可料《きょかりょう》が課《か》せられることになったのです。

このままではボビーは野犬としてあつかわれ、つかまえられてしまいます。装《そう》職人《しょくにん》のアンダーソンは、仕立て屋のリッチーに相談しました。

「リッチー、ぼくたちでホビーの許可《きょか》料《りょう》を払《はら》おうよ」

「そうだね。ぼくたちでボビーのことを見守ってやろう」

しばらくして、ボビーの話はエディン

バラ市長の耳に入りました。

「墓地《ぼち》は市の所有地だったね。そこで長いあいだ主人の墓守《はかもり》をしているんだ。許《きょ》可料《かりょう》はわたしが払《はら》おう」

市長は許可証《きょかしょう》に加《くわ》えて、ボビーに首輪《くびわ》を贈《おく》りました。

ボビーは16才になりました。

春のやわらかな陽光に包《つつ》まれて、小鳥のさえずりを聞きながら、グレーの墓《はか》の前の芝生《しばふ》で、いつものようにまどろんでいます。

「ボビー、ボビー」

だれかが呼《よ》ぶ声が聞こえたような気がします。しかし、だれもいません。

「ボビー、ボビー」

こんどは、はっきりと聞き取れる声です。

「あっ、グレーさんだ！」

ボビーは跳《は》ね起きると、ゆっくりと歩いてくるグレーに矢のように近づき、その胸にとびこみました。

「よしよし、ボビー。長い間、さびしい思いをさせたねえ。きょうからは毎日いっしょだよ。さあ、大好《だいす》きな散歩《さんぽ》に出かけよう」

1872年1月14日のことです。ボビーは16年の生涯《しょうがい》を終えたのでした。

ボビーの死後、1873年にボビーの銅像《どうぞう》が建てられました。そして、1981年にはスコットランドの犬援助協会《いぬえんじょきょうかい》が立派《りっぱ》な墓《はか》を建《た》てました。そこには、「ボビーの忠誠心《ちゅうせいしん》と献身的《けんしんてき》な愛《あい》をわれらは学ぶ」と記されています。

ワニガメにマイクロチップ

どう猛《もう》なワニガメが来院

「ワニガメを診《み》てもらえますか?」

「カメ類《るい》はときどき来院しますが、どのような症状《しょうじょう》ですか?」

「病気ではありません。マイクロチップを入れたいのです。問い合わせた病院には、ことごとく断《ことわ》られたので……」

「なるほど」と思いながら、ワニガメくんと飼《か》い主さんを診察室《しんさつしつ》にとおしました。

ワニガメはカミツキガメ科に属《ぞく》し、これまでの記録《きろく》では、大きいもので甲羅径《こうらけい》(甲径《こうけい》)80センチメートル、全長1メー

トル、体重１８０キログラムにまで成長《せいちょう》します。カミツキガメとよく混同《こんどう》されますが、同じカミツキガメ科のカミツキガメとは別種《べっしゅ》のカメです。カミツキガメは、甲羅径《こうらけい》50センチメートル、体重35キログラムと、ワニガメまでは大きくなりません。

どちらもアメリカ大陸《たいりく》が生息地で、ある程度《ていど》、水深のある河川《かせん》や湖のミズゴケの多い場所を好み、産卵以外《さんらんいがい》は陸《りく》に上がることはほとんどありません。なんでも食べますが、巨大化《きょだいか》したワニガメは、水を飲みにきたアライグマを捕食《ほしょく》するところも目撃《もくげき》されています。

どう猛《もう》であることにどちらもかわりませんが、ワニガメは「待ちぶせ一撃必《いちげきひっ》殺《さつ》タイプ」、カミツキガメは積極的《せっきょくてき》に攻撃《こうげき》する「多重攻撃《こうげき》タイプ」です。英名《えいめい》snapping turtle の名のごとく、パクリとかみついて、ものすごい瞬発力《しゅんぱつりょく》とあごの力を発揮《はっき》するのでしょう。

ワニガメの寿命《じゅみょう》は70年で「万年」は生きませんが（「鶴《つる》は千年、亀《かめ》は万年」ということわざがあります）、とても長生きする生き物です。唯一《ゆいいつ》の天敵《てんてき》はワニで、ワニガメがワニのえさになるという冗談《じょうだん》のような本当の話です。

外来のワニガメくんの甲羅径《こうらけい》（甲径《こうけい》）は、まだ30センチメートルほどですが、攻撃態勢《こうげきたいせい》はすでに十分あり、恐《おそ》ろしい眼光《がんこう》で「かむぞ」とばかりに、するどい歯がならぶ大きな口を開け、「寄《よ》らば一撃《いちげき》」と待ちぶせ姿勢《しせい》です。

「マイクロチップは、どこに入れるのですか？　犬や猫《ねこ》では、通常《つうじょう》、頸部《けいぶ》（首）の背中《せなか》の皮に入れますが……」

「首の後ろですか……。ところで先生、こわくないですか？　こいつ、さっきから見ていたら、ねらいをつけていますよ。パクーとやられたら、大事な、大事な、指がなくなりますよ」

ワニガメの首にマイクロチップ

カメの体でマイクロチップが挿入《そうにゅう》可能《かのう》な部位《ぶい》は、頸部《けいぶ》の左右と背側《はいそく》、そして尾《お》っぽの皮下ですが、後日、必要《ひつよう》が生じてＩＤ《アイディー》番号をスキャンするときの利便《りべん》性《せい》を考え、頸部背側《けいぶはいそく》にしました。

マイクロチップの挿入《そうにゅう》セットの筒管針《とうかんしん》は、外径1.6ミリメートルで、かなりの太さです。説明書《せつめいしょ》には「無麻酔《むますい》でよい」と記載《きさい》されていますが、動物だって痛《いた》いに決まっているので(動物愛護《あいご》の精神《せいしん》に反しますから)、必《かなら》ず局所麻酔《ますい》をおこなっています。

ワニガメくんは「なにするの、この人！」と言わんばかりに大口を開け、するどい牙《きば》をむきだし、恐《おそ》ろしい目つきでわたしを見上げていますが、カメのくせに首をなかなかすくめないので、「エイ、ヤー」と頭部をしっかりにぎって首をのばし、すばやくマイクロチップを入れる予定のところに局所麻酔薬《ますいやく》を注入。局所麻酔《ますい》は即効性《そっこうせい》なので、見計らって外径1.6ミリメートルの針《はり》を頚部背側《けいぶはいそく》にブスーッとさせば縫合《ほうごう》の必要《ひつよう》はないので施術《せじゅつ》は終わり。ただちにスキャナーでID《アイディー》番号の確認《かくにん》をして、すべて完了《かんりょう》になります。

ID《アイディー》シールはマイクロチップ1セットに6枚《まい》入っており、1枚《まい》はカルテに、1枚《まい》は日本獣医師会《じゅういしかい》への登録《とうろく》用紙に貼《は》ったら、残りの4枚《まい》は飼《か》い主さんが保管《ほかん》します。

今回はワニガメくんがまだ小さく、パワーも強大ではなかったので、かんたんに施術《せじゅつ》できましたが、もう少し大きくなってからのマイクロチップの挿入《そうにゅう》は、粗略《そりゃく》にあつかうと、指どころか、うで1本を失《うしな》うことになりかねませんので、全身麻酔《ますい》が不可欠《ふかけつ》になるでしょう。

最近《さいきん》、カミツキガメの飼育放棄《しいくほうき》で、川や池に捨《す》てる人がいるようです。ワニガメの待ちぶせとはちがい、カミツキガメは積極攻撃《こうげき》なので、人がかまれて大けが

ワニガメにマイクロチップ

をする事例《じれい》が多く見られます。２０００年の動物愛護法《あいごほう》の改正《かいせい》で、危険《きけん》な特定外《とくていがい》来種《らいしゅ》の飼育《しいく》は自治体《じちたい》の許可《きょか》が必要《ひつよう》になり、マイクロチップの義務付《ぎむづ》けによって飼《か》い主の特定《とくてい》がかんたんになりますので、興味《きょうみ》本位で入手し、飽《あ》きたので捨《す》てるなどの軽薄《けいはく》な行為《こうい》が防止《ぼうし》できるようになりました。

どんなペットでも、飼育《しいく》には責任《せきにん》があります。そして、いつまでも家族の一員としてかわいがってあげてほしいものです。

ナマズのレッティーが大変

元気のないナマズ

「先生、ナマズの病気は診察《しんさつ》してもらえますか？　うちのレッティーちゃんが、なにも食べなくなりました」

診療《しんりょう》時間もそろそろ終わりにさしかかったころ、ナマズが入った水槽《すいそう》を大事にかかえた男性《だんせい》が病院にかけこんできました。

「元気がなく、動きません……」

「レッドテールキャットですね。元気がなくなる原因で、なにか思いあたることはありませんか？」

「そういえば数日前から、水槽《すいそう》の水のｐＨ《ピーエイチ》（水素《すいそ》イオン濃度《のうど》）を調整する薬剤《やくざい》を入れた

ふくろがありません。飲んじゃったのかな……」

「とりあえず、診察《しんさつ》しましょう」

アマゾン川にはじつに多くの種類《しゅるい》のナマズが生息し、時々テレビで〝謎《なぞ》の巨大《きょだい》魚《ぎょ》〟と大騒《おおさわ》ぎしているほとんどは、巨大《きょだい》に成長《せいちょう》したナマズの一種《いっしゅ》です。男性《だんせい》が連《つ》れてきたナマズは「レッドテールキャットフィッシュ」という種類《しゅるい》なので「レッティー」と名付《なづ》けられたのでしょう。ちなみに英語《えいご》でナマズのことをキャットフィッシュと表現《ひょうげん》するのは、「丸い頭と口ひげがネコのようだから」という説《せつ》があります。

さて、診察台《しんさつだい》の上のレッティーは身動きひとつしません。

「おなかの上に、小石のようなものが多数ありますね。水のpH《ピーエイチ》調整剤《ちょうせいざい》にはいろいろな商品がありますが、使っていたのはつぶ状《じょう》のものですか?」

「そうです。ネットに入れて底《そこ》にしずめました」

わたしはその言葉にピンときて、急いで検査《けんさ》の準備《じゅんび》を始めました。

「サンゴなどを素材《そざい》にしたものが原因《げんいん》に考えられるので、レントゲンで確《たし》かめましょう」

魚類《ぎょるい》の診察《しんさつ》やレントゲン検査《けんさ》は水からだすと暴れるので、麻酔《ますい》をかけておこなうこともあります。レッティーはほぼ動かない状態《じょうたい》、さらに短時間で終わる検《けん》査《さ》だったので、水からだしたらすばやくレントゲン撮影《さつえい》をおこない、無麻酔《むますい》でおこなうことにしました。

口を大きく開けて内視鏡検査《ないしきょうけんさ》

レッティーは水槽《すいそう》にもどされたあとも身動きひとつせず、「診断《しんだん》を自分もいっしょに聞きます」と言わんばかりにこちらを見ています。

「小石のようなものがたくさんありますね。かたまりになっているので、ふくろごと飲みこんだようです」

「手術《しゅじゅつ》ですか……」

「内視鏡《ないしきょう》で調べてみますが、手術《しゅじゅつ》ではなく、鉗子《かんし》で取りだせると思いますよ。なるべく切りたくないでしょう？　それにまだ子どもなので、切るのはかわいそうだな」

飼《か》い主の男性《だんせい》もレッティーも、少し安心したように見えました。

ナマズ類《るい》は、自分の体の大きさに応《おう》じて生きた魚などを丸飲みにしてえさにするので口も食道も大きく、内視鏡検査《ないしきょうけんさ》は魚の診察《しんさつ》になれた獣医師《じゅういし》には極《きわ》めてかんたんです。

内視鏡《ないしきょう》で確認《かくにん》できた胃《い》の内部の緑の網《あみ》のふくろに入ったpH調整剤《ピーエイチちょうせいざい》は、鉗子《かんし》でズルズルと引きだされ、処置《しょち》はあっという間に終了《しゅうりょう》。レッティーを苦しめた

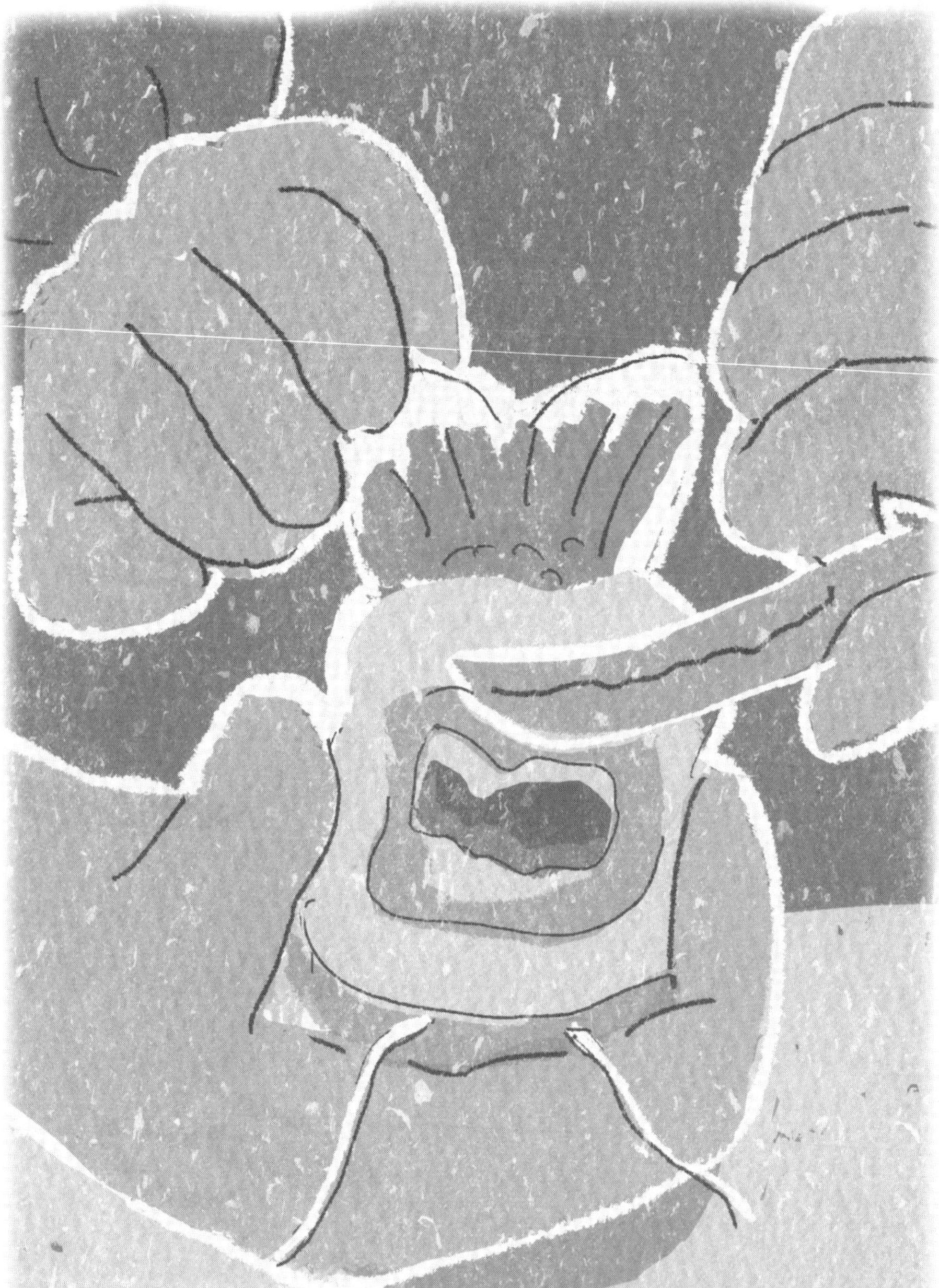

原因は無事解消《ぶじかいしょう》し、小さなかわいい目玉にはかがやきがもどり、翌日《よくじつ》には食欲《しょくよく》も回復《かいふく》。すっかり元気になりました。

レッドテールキャットフィッシュは、その名のごとく尾《お》がじつにあざやかな赤色で、現地《げんち》では食用ですが、日本では人気の高い観賞魚《かんしょうぎょ》です。ただし、1〜2年で体長は1メートルあまりに、体重も12キログラムを越《こ》え、10〜20年の寿命《じゅみょう》がありますので、水槽《すいそう》は2メートル級、十分な浄化装置《じょうかそうち》、水のpH《ピーエイチ》は5.5〜7.0、水温20〜28度を保つ必要《ひつよう》がありますので、飼育《しいく》にはそれ相当の覚悟《かくご》が必要《ひつよう》です。

「飲みこみ事件《じけん》から数年たったけれど、レッティーはずいぶん大きくなっただろうなぁ……」

レッティーの成長《せいちょう》を想像《そうぞう》しながら、わたしは診察室《しんさつしつ》の電気を消しました。

いたずらゴロー

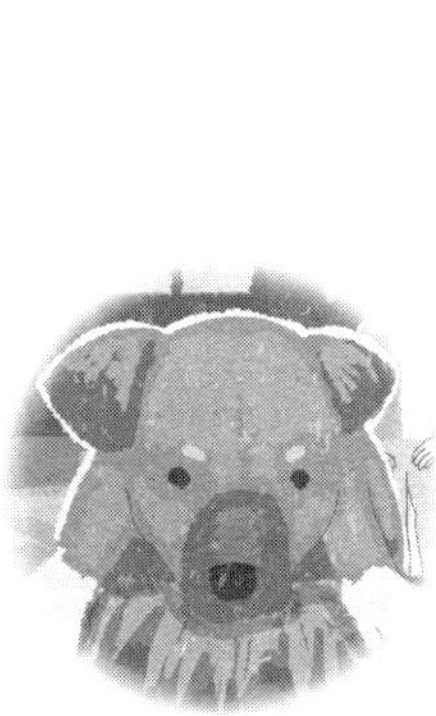

犬を飼《か》って番犬にしよう！

山本さんはテレビ局の局長まで務《つと》めた人で、定年後は小さな池のある庭付《つ》きの日本家屋で、奥《おく》さんと優雅《ゆうが》な老後《ろうご》を過《す》ごしていました。長男と長女の2人《ふたり》の子どもは、どちらも社会人になって家庭を持ち、別《べつ》の場所で生活しています。

これといった趣味《しゅみ》のない老夫婦《ろうふうふ》の日《にち》常《じょう》生活はアメ玉を食べる時間までなんとなく決まってしまうほど単調《たんちょう》で、長い夫婦《ふうふ》生活で話題も出つくし、テレビを流し見ているだけの沈黙《ちんもく》の世界に近い毎日でした。

「お父さん、なにか動物を飼《か》いませんか？　生活に変化《へんか》がでて、楽しくなると思うのです……。わたしは犬がほしいです」

「だめだ。わしは子どものころ、近所の飼《か》い犬にかまれたことがあるから、動物はきらいなんだ」

山本さんは「そんなこと、とんでもない」と言わんばかりに首を左右に振《ふ》りながら続《つづ》けます。

「それに、わしはぜんそくの気があるから動物を飼《か》うなと医者に注意されているしな」

「そうですか……」

奥《おく》さんは残念《ざんねん》そうにため息をつき、犬を飼《か》う話はそこで終わりました。

ある日のことです。山本さん夫婦《ふうふ》が数時間、買い物に出かけて帰宅《きたく》すると、たいへんなことが起こっていました。

「あら、どうしましょう！　おうちの中がメチャクチャ！」

「わしの大切な金時計がない！　引き出しの財布《さいふ》もなくなっているぞ」

「わたしの指輪《ゆびわ》もないわ！」

「最近《さいきん》、このあたりでどろぼうが多いと聞いていたが、まさかわが家が被害《ひがい》にあうとは……」


山本さんの近所で犬を飼《か》っている家は、ほとんど被害《ひがい》にあっていませんでした。

「ほとんど」というのは、それは犬種《けんしゅ》によりけりという話で、たとえばブルドッグはその面相から、まんがなどでは猛犬《もうけん》の見本のようにあつかわれますが、実際《じっさい》はおとなしくて人間が大好《だいす》きな子が多いので、番犬には不向《ふむ》きです。どろぼうが庭で昼寝《ひるね》をしているブルドッグの頭上の雨戸をやぶって侵入《しんにゅう》したというケースを知っていますが、きっと、そのブルドッグはどろぼうに気がついて目をさましたけれど、チラリと上目でにらんだだけで、また寝《ね》てしまったのでしょう。

「犬を飼《か》おう、犬、犬、犬」

山本さんは大あわてで犬を飼《か》うことを決めました。

「そうです、そうです！」

奥《おく》さんはたいへんな被害《ひがい》にあったことも忘《わす》れてしまったように大喜《おおよろこ》びです。

「飼《か》うなら、保護犬《ほごいぬ》を家族に迎《むか》えましょうよ」

「お前に任せるが、性格がおだやかな子がいいな。以前《いぜん》、かまれてひどい目にあったからな」

山本さんは、まだむかしのことにこだわっています。

「はいはい、分かりました」

奥《おく》さんは、さっそく、子犬探《さが》しを始めました。

山本さんと子犬の出会い

山本さんの家から少し歩いて大通りに出たところに動物病院があり、偶然《ぐうぜん》というか、ラッキーというか、なんとそこに子犬の里親探《さが》しのポスターがはってあったのです。

「ワシヅカ先生、こんにちは」

「おや、山本さん」

「最近《さいきん》、盗人《ぬすっと》に入られてひどい目にあいました。主人が用心のために、犬を飼《か》いたいと申しています」

「それは災難《さいなん》でしたね。近ごろは、空き巣《す》が増《ふ》えていると聞いていました。ご主人とは散歩道《さんぽみち》で時々お会いしますが、動物はあまりお好《す》きでないと聞いていましたが……？」

わたしは以前《いぜん》の山本さんとした立ち話の内容《ないよう》を思いだしました。

「そうなんです。むかし、犬にかまれたトラウマを今も引きずっているんです。

それがどろぼうに入られたとたん、急に犬を飼《か》おうなんて言いだして。身勝手でしょう？　笑《わら》ってやってください。それに性格がおだやかな犬が希望《きぼう》だなんて、ずいぶんと虫のいい話でしょう？」

奥《おく》さんがあんまり矢継《やつ》ぎ早《ばや》に話すので、わたしは相づちを打つ余裕《よゆう》もなく、

「はははは、まことに身勝手極《きわ》まりない、けしからん話ですな」

と、笑《わら》ってしまいました。

「先生、病院の前に貼《は》りだしているあの子犬はどのような子ですか？」

山本さんの奥《おく》さんはポスターを指さしながら質問《しつもん》しました。

「まだ目の開いていない子犬で、草むらでピイピイ鳴いているのを保護《ほご》され、うちのスタッフたちが哺乳《ほにゅう》して育てているんですよ。おおよそ生後2ヶ月半、性《せい》格《かく》はとても良好《りょうこう》な男の子で、まことにやんちゃぼうずです」

わたしは子犬を部屋の奥《おく》から抱《だ》きかかえてくると、山本さんの奥《おく》さんはそれはそれはとても笑顔《えがお》になって子犬をのぞきこみました。

「このくらいの月齢《げつれい》になると性格ははっきりしますから、山本さんのお宅《たく》にもおすすめですよ」

山本さんの奥《おく》さんは念願《ねんがん》がかない、子犬を大切に胸《むね》に抱《だ》きかかえ、大喜《おおよろこ》びで家に連《つ》れ帰りました。

犬ぎらいでもゴローに夢中《むちゅう》

「ワシヅカ先生のところで、さっそくもらってきたのか。どれどれ……」

山本さんは奥《おく》さんがが抱《だ》いている子犬に、おそるおそる近づきました。

「ほー、顔をなめられたぞ！　かまないね」

その子犬の手ざわりはやわらかく、ゴムまりのような弾力《だんりょく》の体は健康そのもの、新しい家族になんら物怖《ものお》じする気配もなく、喜びを全身で表していました。

「わしは食わずぎらいだったのかな。いやはや、かわいい、かわいい」

山本さんからすぐにお礼の電話が入りました。きっとこちらに出向いて礼を言うのは、気恥《きは》ずかしかったのでしょう。

「犬種《けんしゅ》はなんでしょう？」

「和洋まぜまぜで、どの純血種《じゅんけつしゅ》の面影《おもかげ》も残さない……、早い話が、雑種《ざっしゅ》です」

子犬はゴローと名付《づ》けられ、犬が大嫌《きら》いだったはずの山本さんは「ゴンロ、ゴンロ」と溺愛《できあい》し、奥《おく》さんも「急に家の中が、明るくなった」と病院へ報告《ほうこく》しにくるほどでした。

「無口《むくち》だった主人が急におしゃべりになり、うるさいほどです。ただし、話題はほとんどゴローのことなんですけどね」

さて、成長するにともないゴローのいたずら好きは半端《はんぱ》ではなくなり、

「あら、お父さんが大切にしている盆栽《ぼんさい》の鉢《はち》を3つもひっくり返したわ！」

「いいよ、いいよ、ゴンロが元気の印《しるし》だからね。あとで鉢《はち》を針金《はりがね》で台にしばっておくよ」

山本さんはゴローのいたずらの片づけに追われるいそがしい日々を送っていました。

動物と暮《く》らすということ

山本さんのお宅《たく》の池には高価《こうか》な錦鯉《にしきごい》が大切に飼《か》われていますが、ゴローにとってこの動きまわる生き物は好奇心《こうきしん》の的《まと》で、いつも池のふちから観察《かんさつ》していました。

「ゴンロはなんにでも興味津々《きょうみしんしん》ね」

山本さんご夫婦《ふうふ》はこの光景《こうけい》がたいへんほほえましく、縁側《えんがわ》からゴローのようすをながめて楽しんでいました。

ある日のことです。ゴローは見ているだけではがまんできず、錦鯉《にしきごい》をつかまえようと池にとびこんだのです。しかし、俊敏《しゅんびん》で体がぬめる鯉《こい》をそうはかんたんにつかまえられず、ゴローは池のふちにやむなく引き返しました。

この半端ではないいたずらに山本さんは少しも怒らず、

「ゴンロ、鯉《こい》はそうはかんたんにはつかまらないよ。そうだ、なにかおもちゃを買ってやろう」

と、たいへんな理解を示したのです。

ペット、いわゆる伴侶《はんりょ》動物の存在《そんざい》は、日常《にちじょう》に新たな話題と変化《へんか》をもたらし、

生活環境《かんきょう》に鮮度《せんど》をあたえます。そして子どもが生まれたときと同じような状態《じょうたい》が再来《さいらい》し、とだえていた老夫婦《ろうふうふ》の会話も、伴侶《はんりょ》動物が展開《てんかい》する、かわいらしいしぐさや、時にはいささかのやっかいごとなどを契機《けいき》に復活《ふっかつ》します。愛犬《あいけん》との散歩《さんぽ》のときには、動物の話題をきっかけに、見知らぬ人との新たな会話が生まれたりもします。

「動物と　暮《く》らす我《わ》が家《や》に　明るい話題」

次に山本さんからどんなゴローの話が聞けるのか、楽しみでなりません。

我《わ》が愛犬《あいけん》、コタのこと

いつまでも子犬のようだったコタ

コタが死んだ――。

天衣無縫《てんいむほう》、あまえんぼう、くいしんぼう、いくつになっても幼児体型《ようじたいけい》、チンチンがとてもじょうず、短い両手・両足を真上に上げ仰向《あおむ》けに寝《ね》る、イスの横木をまくらにするのが好《す》き、両足を壁《かべ》にあてたままあおむけに眠《ねむ》る、関節《かんせつ》がかたくなったので、首を左右に振《ふ》りトコトコと歩く、そんなコタが死んだ。頭の芯《しん》までが痛《いた》む悲しみにおそわれ放心状態《じょうたい》に近い。

コタは比較的《ひかくてき》、健康《けんこう》にめぐまれた体質《たいしつ》であったが、ここ2～3年で急速に老《ふ》け、

凛々《りり》しい巻《ま》き尾《お》で天井《てんじょう》を向いていたお尻《しり》のあなも下を向き、歯も黄ばみ口元や目のまわりの白髪《しらが》がめっきりと増《ふ》え、あのクリクリ目玉も少し小さくなった。老《ろう》齢性白内障《れいせいはくないしょう》、関節炎《かんせつえん》なども発症《はっしょう》したが、治療《ちりょう》により、状態《じょうたい》を保《たも》つことができた。

しかし、最近、ダックスフンドの宿命的《しゅくめいてき》な遺伝疾患《いでんしっかん》、椎間板障害《ついかんばんしょうがい》にみまわれた。突然《とつぜん》、発症《はっしょう》した後躯麻痺《こうくまひ》は、内科療法《りょうほう》でクリアできる程度《ていど》の症状《しょうじょう》であったが、念《ねん》のため近く脊椎造影《せきついぞうえい》を予定、場合によってはオペを考えていた矢先の急《きゅう》性心不全《せいしんふぜん》で、家の人が気づいたときには、すべての生体反射《はんしゃ》が喪失《そうしつ》し、手のほどこしようがなかった。

この年齢《ねんれい》になるまでには、多くの死との出会いがあった。人の死に際しては、不謹慎《ふきんしん》な話だが、故人《こじん》との生前の付《つ》き合いの中での負の部分の引き算が無意識《むいしき》に生じることがある。しかし、人と動物との思い出の中には負の引き算は生じない。かけひきのない本当にピュアな付《つ》き合いであるだけに、失《うしな》ったときの悲しみもまたピュアである。

「家に迎《むか》えてまだ1週間なのに、わたしが長期の入院になり、この子が飼《か》えなくなりました。とてもいい子なので、だれかかわいがってくださる方があれば、差《さ》し上げたいのですが……」

それが生後2ヶ月そこそこのコタ（本名：小太郎）が、我《わ》が家の家族に加《くわ》わった始まりだった。つややかな長毛、大きな目、ミニチュア・ダックスフンドは一《いっ》般的《ぱんてき》にはやや神経質《しんけいしつ》だがコタはまことにおおらかな性格《せいかく》で、一種独特《いっしゅどくとく》の雰囲気《ふんいき》を持っており、その仕草や何気ない表情《ひょうじょう》に、現世《げんせ》の複雑《ふくざつ》な人間関係《かんけい》を生きるわたしたちは、どれだけなぐさめられ、勇気《ゆうき》づけられたことか。

コタは若《わか》くして3匹《びき》の父親になったが、うち1匹《ぴき》が生まれながらの隻眼《せきがん》だったので、差別《さべつ》されてはかわいそうと、伊達政宗《だてまさむね》の幼名《ようみょう》より梵天丸《ぼんてんまる》と名付《なづ》け我《わ》が家に迎《むか》え入れた。その後この親子は、もめごとといえば、たまの食物をめぐる小競《こぜ》り合いくらいで、傍目《はため》にもほほえましい毎日を送っていた。
隻眼《せきがん》のボンは、ミニチュアダックスの特性《とくせい》そのものの、やや小心な性格《せいかく》だが、清《きよ》い水のような純《じゅん》な心根の子であるが、ひとつちがいの父よりは精神的《せいしんてき》にはるかにおとなの雰囲気《ふんいき》を持っていた。父親のコタは、その生涯《しょうがい》を終えた15才になっても子犬がそのまま歳《とし》を取ったような存在《そんざい》で、いい歳《とし》をして抱《だ》っこをねだり、うったえるような目で人の顔をジーと見上げる。抱《だ》き上げると短い両手でわたしのうでをしっかりととらえ、クークーとしばし感極《かんきわ》まり、そしてわたしの顔をぺろりとなめるとそれで満足《まんぞく》した。わたしは時々、どちらが父親なのかと錯覚《さっかく》した。

火葬《かそう》の帰り道、雲ひとつない秋晴れの空に、動物をかたどったアドバルーンがふんわりとただよっていた。わたしにはそれが、コタがゆっくりと昇天《しょうてん》していく姿《すがた》に見えた。

「コタ、道草を食って道に迷《まよ》ったりするんじゃないよ。本当に長い間ありがとう」

あとがき

ＡＩ《エーアイ》（Artificial Intelligence：人工知能）旋風《せんぷう》が、今の世の中を席巻《せっけん》しています。特にスマートフォンの普及《ふきゅう》が著《いちじる》しく、ある調査《ちょうさ》によると、10代の未成年の平均《へいきん》使用時間は、日に3時間強だそうで、また中高年の利用時間も相当なものです。

たしかにスマートフォンは便利《べんり》ですが、人がだんだん物を考えなくなり、なんでもスマートフォンで、物事を簡単《かんたん》にすませる習慣《しゅうかん》は、今後の大きな問題に発展《はってん》する可《か》能性《のうせい》が高いと心配していたら、なんとチャットＧＰＴ《ジーピーティー》（Chat Generative Pre-trained Transformer：人工知能を使ったサービス）が登場し、作文や翻訳《ほんやく》など、いとも簡単《かんたん》にＡＩ《エーアイ》に任《まか》せることが増えてきています。

これは大変と危惧《きぐ》していたら、チャットＧＰＴ《ジーピーティー》機能《きのう》を大きく上回る、チャットＧＰ《ジーピー》Ｔ４ｏ《ティーフォーオー》が登場し、さらには、てんかん発作の発現《はつげん》を、事前に携帯《けいたい》電話でキャッチすることが可能との報道《ほうどう》があり、今後どこまで人間の機能が機械化《きかいか》されるのかと、ある種《しゅ》の恐怖《きょうふ》を感じました。

むかしから、人生に深みをもたせるには「読み・書き・そろばん」と言われますが、これは多くの本を読み、個性《こせい》を生かした文章を書き、そして健全《けんぜん》な経済感覚《けいざいかんかく》を育ててこそ、まっとうな自立した人格が育つという教えです。

スマートフォンの普及にともない、本を読む人が激減《げきげん》し、人格形成の三大要素《ようそ》のひとつの読書が、大きく衰退《すいたい》したのは由々しき事態です。読書は電子書籍でも可能では……、という意見もあります。たしかに電子書籍でも情報の原型は一応得られますが、興味《きょうみ》がある個所《かしょ》に赤線を引き、ふせんを貼《は》り、必要に応じて読み返す。このくり返しこそ、人生に深みをもたせるもので、電子書籍では望めません。


さて、サル目《もく》には、4種《しゅ》のサルが存在《そんざい》します。それはヒト、ゴリラ、チンパンジー、オランウータンで、共通点《きょうつうてん》は尾《お》っぽがほとんど分からないほど短く（人も尾骶骨《びていこつ》がある）、遺伝子《いでんし》はごくわずかしか違いません。

チンパンジーの中のボノボという種類は、昨今《さっこん》のように、争いばかりをくり返すそぼうな人間（ヒト）どころか、ごく普通の人間よりはるかにやさしく、思いやりがあります。人間の親が不注意で、おりの中に落としてしまった幼児《ようじ》を、ボノボが大切に、やさしく、そっと抱《だ》き上げながら幼児の親を見上げる光景が報道されたり、さらにボノボは他の種類のチンパンジーよりも、そのやさしさが際立っていると科学的に証明され、多くの人間に驚きと感動をあたえました。

獣医学《じゅういがく》は、人間という名の、サル目ヒトを除《のぞ》き、すべての生き物が診察《しんさつ》の対象《たいしょう》なので、まほろば動物病院には、老犬クロ、エディンバラのボビー、いたずらゴロー、愛犬コタ、キジトラみっちゃんなどはもとより、セキセイインコ、ワニガメ、ナマズなど、じつに多様な生きものたちが登場します。

猛獣《もうじゅう》の代表として知られるライオンは、満腹時《まんぷくじ》には、目の前を好物の鹿《しか》が通りかかっても見向きもせず、必要以上のものを、取り込もうとはしませんし、このことは人以外のほとんどの動物たちに共通した行動です。

ウクライナや中東紛争《ちゅうとうふんそう》など、いったいなんのための争《あらそ》いか意味不明の中で多くの人命が失われ、国連《こくれん》は和平にほとんど機能せず、これらの蛮行《ばんこう》は、軍需産業《ぐんじゅさんぎょう》の利権《りけん》を目《もく》論《ろ》んだ、悪しき国益《こくえき》がねらいではないかとの識者《しきしゃ》の見解《けんかい》もあり、心の痛《いた》む今日《こんにち》です。

このような乱世《らんせい》にあってこそ、純粋《じゅんすい》な心の愛らしい動物たちとの交わりの中で、やさしい心、良い意味での意外性、ひょうきんな行動などに接《せっ》し、物理的なAI《エーアイ》依存《いぞん》で失われていく、人生の豊かさを取りもどし、さらに一層の増幅《ぞうふく》を測《はか》ることが不可欠ではないのでしょうか。

ペットという表現は、隷属《れいぞく》的で所有物のようなニュアンスがあるので、今後はコンパニオン・アニマル（伴侶動物《はんりょ》）と呼称《こしょう》を改めようという提案《ていあん》が、かなり以前にありましたが、ネーミングが長すぎて、今ひとつ定着していませんが、伴侶《はんりょ》動物という概《がい》念《ねん》は、かなり普及《ふきゅう》できたように思います。人生のうるおいに貢献《こうけん》するすべての伴侶《はんりょ》動物の幸せを願って。

２０２４年７月

鷲塚貞長

鷲塚貞長《わしづかさだなが》　ワシヅカ獣医科病院院長、獣医学博士

SCR協会会長、名古屋ECO動物海洋専門学校教育顧問、日本ペンクラブ会員、獣医学学会で学会賞多数、日展陶芸作家（5回入選）。
（社）名古屋市獣医師会元会長、中部獣医師会連合会元連合会長、（社）日本獣医師会元理事、藍綬褒章（1994年）、名古屋和合ロータリークラブ元会長。

神戸市生まれ。獣医師として多忙な診療の日々を送るかたわら、乗馬、陶芸、クレー射撃、柔道、剣道、アンティーク収集など多彩な趣味をもつ。動物たちの命を守る活動にも関心が深い。これまでの著書に『エディンバラのボビー』（KTC中央出版）、『こちら、まほろば動物病院』（つちや書店）などがある。

まほろば動物病院はどこまでも

2024年7月30日　初版第1刷発行

著　者　　鷲塚貞長
発行者　　佐藤　秀
発行所　　株式会社 つちや書店
〒113-0023　東京都文京区向丘1-8-13
電話　03-3816-2071　　FAX　03-3816-2072
HP　http://tsuchiyashoten.co.jp/
E-mail　info@tsuchiyashoten.co.jp
印刷・製本　日経印刷株式会社

落丁・乱丁は当社にてお取り替え致します。

© Sadanaga Washizuka, 2024 Printed in Japan

本書内容の一部あるいはすべてを許可なく複製（コピー）したり、スキャンおよびデジタル化等のデータファイル化することは、著作権上での例外を除いて禁じられています。また、本書を代行業者等の第三者に依頼して電子データ化・電子書籍化することは、たとえ個人や家庭内での利用であっても、一切認められませんのでご留意ください。この本に関するお問い合せは、書名・氏名・連絡先を明記のうえ、上記FAXまたはメールアドレスへお寄せください。なお、電話でのご質問はご遠慮くださいませ。また、ご質問内容につきましては「本書の正誤に関するお問い合わせのみ」とさせていただきます。あらかじめご了承ください。